ALABANZAS PODEROSAS

25 Canciones Preferidas de la Adoración

CONSULTOR ESPAÑOL: FELIPE KIRK BULLINGTON

Shawnee Press, Inc.

A Subsidiary of Music Sales Corporation
1221 17th Avenue South · Nashville, TN 37212

Visit Shawnee Press Online at www.shawneepress.com

CONTENIDO

Eres fiel
(You Are Good)

Letras y música por
ISRAEL HOUGHTON

Te a - dor - a - mos hoy,

¡A - le - lu - yah, a - le - lu - yah! ¡Te a - dor-

Ultima vez a Coda

a - mos hoy Er - es Señ - or,

1. Repite al VERSO

Er - es fiel!

Venimos a adorarte

(We've Come to Worship You)

Letras y música por
CINDY CRUSE-RATCLIFF y ISRAEL HOUGHTON
Traducida por Abraham Díaz y Coalo Zamorano

Mi vida eres Tú
(All About You)

Letras y música por
ISRAEL HOUGHTON y CINDY CRUSE-RATCLIFF
Traducida por Abraham Díaz y Coalo Zamorano

1. Er - es el gran yo soy, Er - es Hi - jo de Dios,
2. Er - es mi Sal - va - dor, Er - es mi Buen Pas - tor,

Er - es el cen - tro de mi vi - da,____ Cris - to.____
Er - es el cen - tro de mi vi - da,____ Cris - to.____

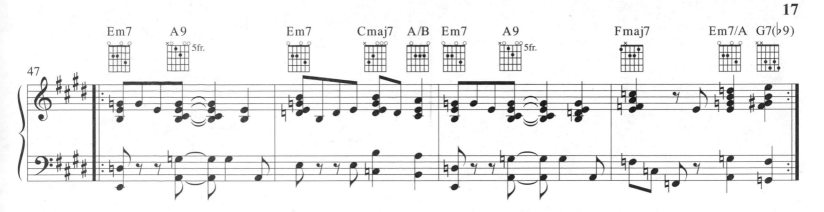

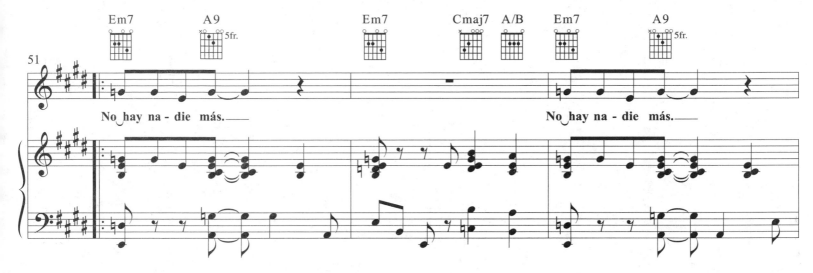

No hay na - die más.—— No hay na - die más.——

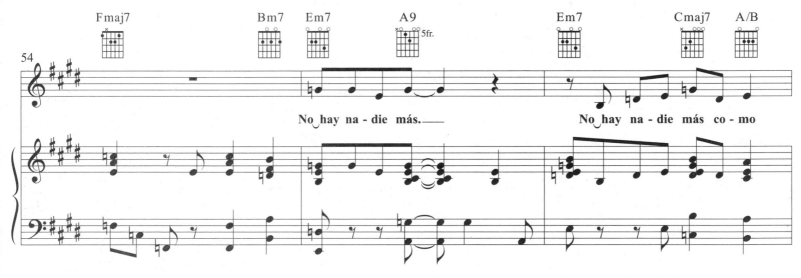

No hay na - die más.—— No hay na - die más co - mo

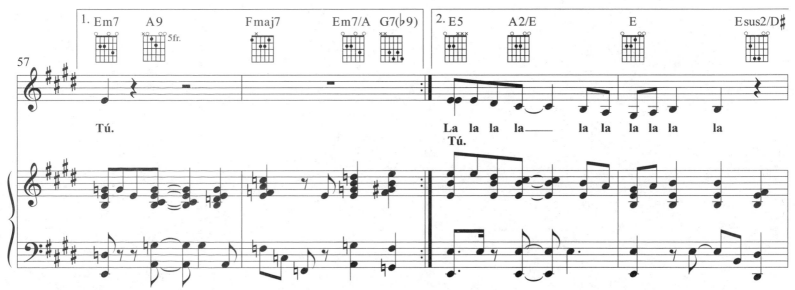

Tú.

La la la la—— la la la la la la
Tú.

D.S. al Coda (a md. 29) 𝄋

Adorar de corazón
(The Heart of Worship / When the Music Fades)

Letras y música por
MATT REDMAN

Balada moderada ♩ = 92

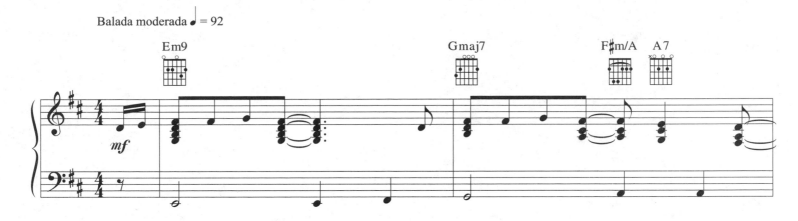

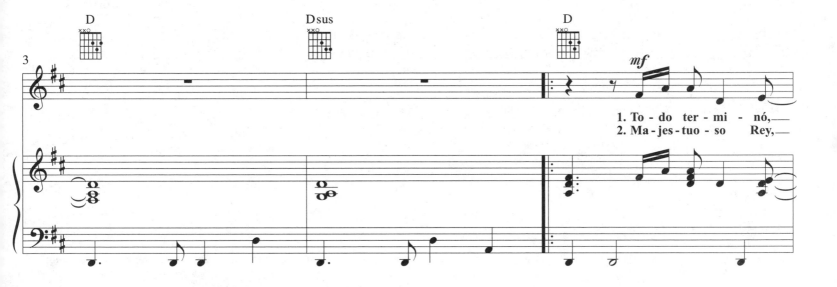

1. To - do ter - mi - nó,___
2. Ma - jes - tuo - so Rey,___

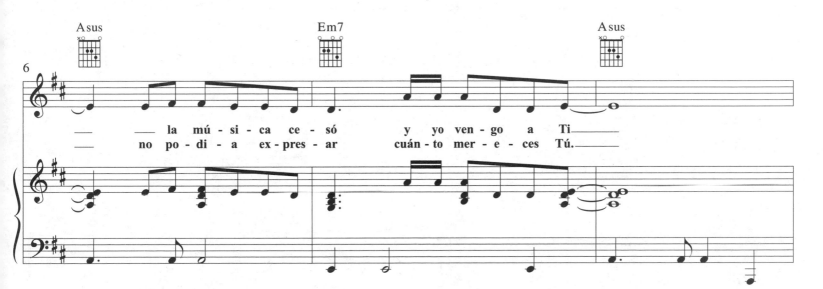

___ la mú - si - ca ce - só y yo ven - go a Ti___
___ no po - di - a ex - pres - ar cuán - to mer - e - ces Tú.___

Indescriptible
(Indescribable)

Letras y música por LAURA STORY
Letras adicionales por JESSE REEVES
Traducida por Frances Rinehart

Fuerte y estable en dos ♩. = 60 - 64

1. De las gran-des al-tur-as a los fon-dos del____ mar,____
2. ¿Quién ha di-cho al ray-o a____ don-de de-be____ ir;____

la cre-a-ción re-ve-la a____ Tu ma-jes-
o mo-vi-do los cie-los y ha-ce la nie-ve ca-

tad.
er?

De los____ tiem-pos tan her-
____ ¿Quién i-ma-gi-nó el

Santo es el Señor

(Holy is the Lord)

Letras y música por
CHRIS TOMLIN y LOUIE GIGLIO
Traducida por Frances Rinehart

Nos le-van-ta-mos las man-os   en el go-zo del Señ-or   es la fuer-

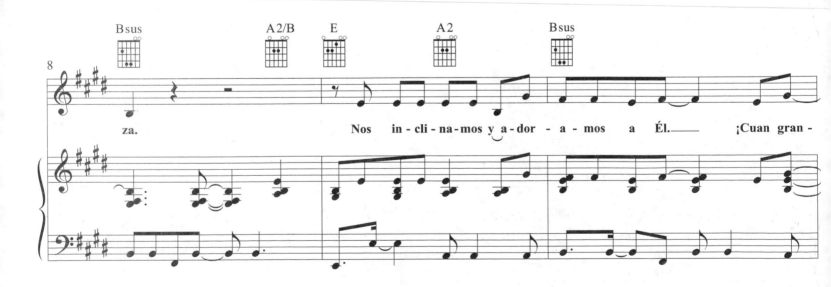

za.   Nos in-cli-na-mos y a-dor-a-mos a Él.___   ¡Cuan gran-

Última vez a Coda

-bre del Señ - or.___ (Sí, se es - tá)___ Can - ta - mos jun - tos,___

y to - dos___ can - tan. San - to es___ el Señ-

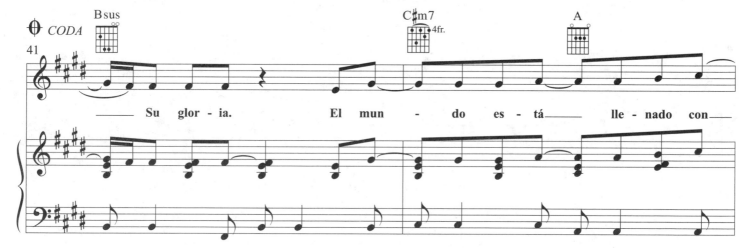

___ Su glor - ia. El mun - do es - tá___ lle - nado con___

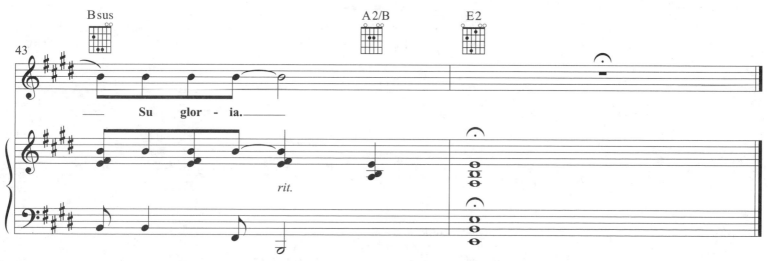

___ Su glor - ia.___

Cante la creación

(Let Creation Sing)

Letras y música por
REUBEN MORGAN
Traducida por Antonio Romero

Con gri - tos de a - mor. _____ Va - mos a

o - fre - cer _____ a - la - ban - za a _____ Ti. _____

CODA

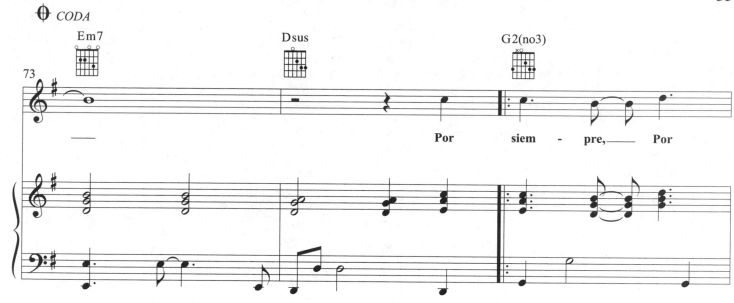

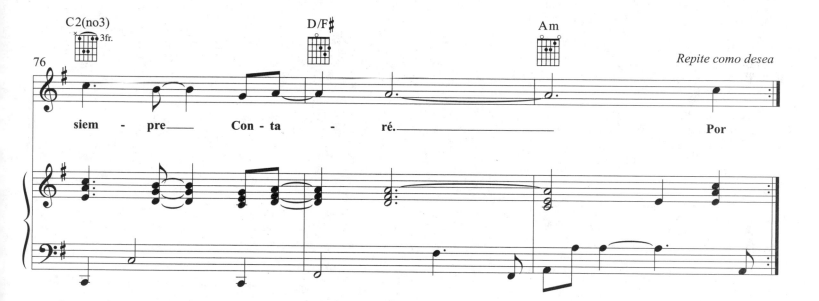

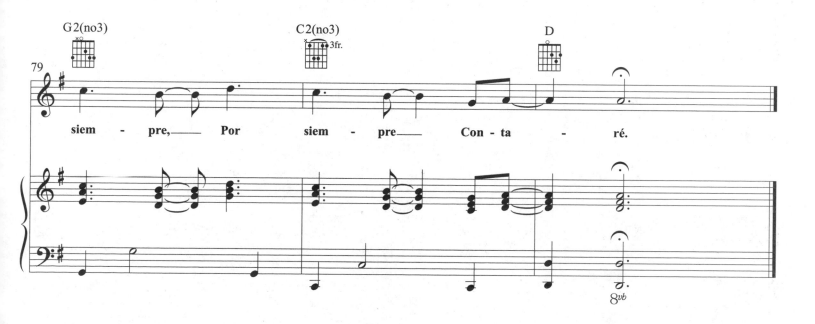

Hermoso mio
(Beautiful One)

Letras y música por TIM HUGHES
Traducida por Frances Rinehart

Fé
(Faith)

Letras y música por
REUBEN MORGAN

Impulsivo compás latino ♩ = 116 - 120

lo que me has da - do a mí, vi - vo pa - ra Ti

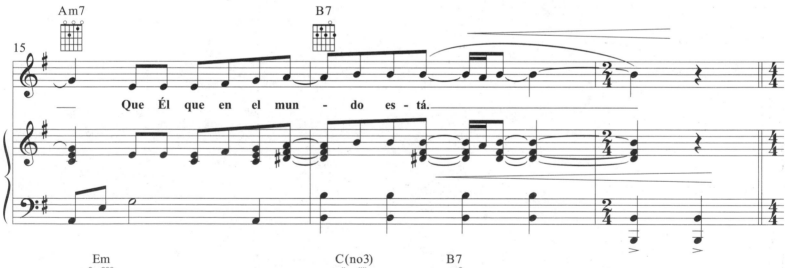

Más gran - de es Él que vi - ve en mí

Que Él que en el mun - do es - tá.

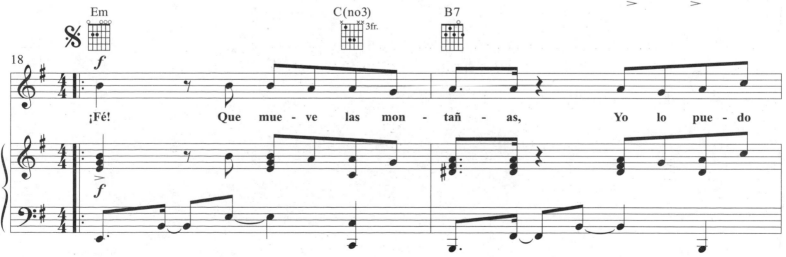

¡Fé! Que mue - ve las mon - tañ - as, Yo lo pue - do

en Je - sús,____ lo sé.____ ¡Fé! Fir - me y crey-

Ultima vez a Coda

en - do Yo lo pue - do en Je - sús____ ¡Él

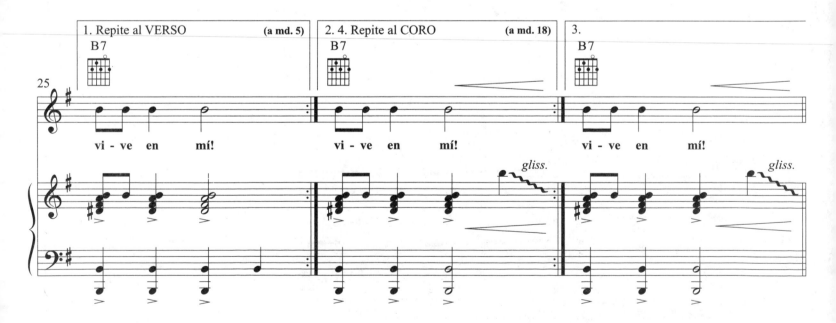

1. Repite al VERSO (a md. 5)   2. 4. Repite al CORO (a md. 18)   3.

vi - ve en mí!   vi - ve en mí!   vi - ve en mí!

gliss.   *gliss.*

Repetición una vez

Más gran - de es Él_____ que vi - ve en mí_____

D.S. al Coda 𝄋

Que Él que en el mun - do es - tá._____

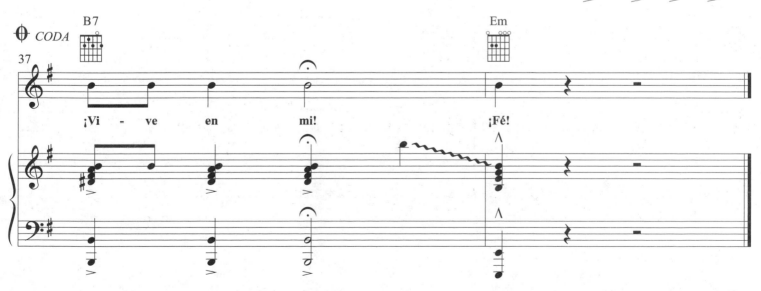

CODA

¡Vi - ve en mi!   ¡Fé!

Dios de la creación

(God of Wonders)

Letras y música por
MARC BYRD y STEVE HINDALONG
Verso 2 Traducida por Frances Rinehart

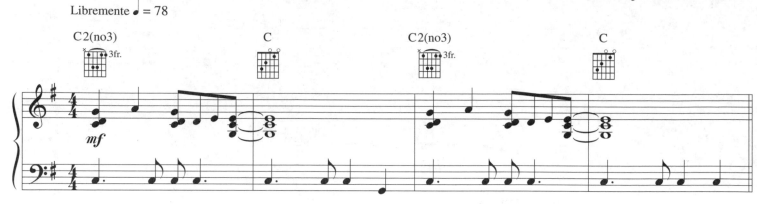

1. To - do___ lo___ cre - as - te,___ la tier - ra, cie - lo y
2. Tem - pra - no en___ la ma - ña - na,___ Tu luz ce - le - bra -

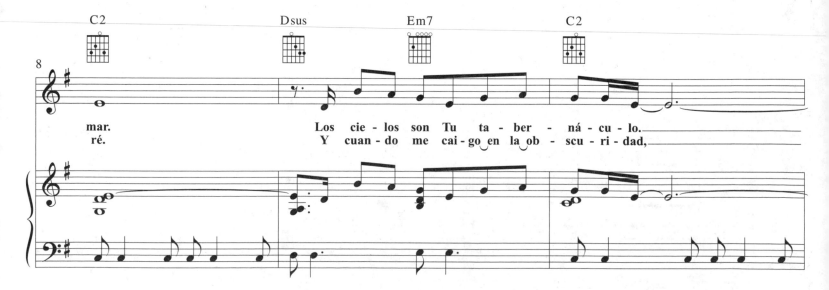

mar.   Los cie - los son Tu ta - ber - ná - cu - lo.
ré.   Y cuan - do me cai - go en la ob - scu - ri - dad,

Amigo de Dios

(Friend of God)

Letras y música por
MICHAEL GUNGOR y
ISRAEL HOUGHTON

Con mucha energía, en cuatro ♩ = 116 - 120

Sien - do yo co - mo soy Tú me a - mas Si Te lla -

- mo res - pon - der - ás

48

Vengo a adorarte

(Here I Am to Worship)

Letras y música por
TIM HUGHES
Verso 2 Traducida por Frances Rinehart

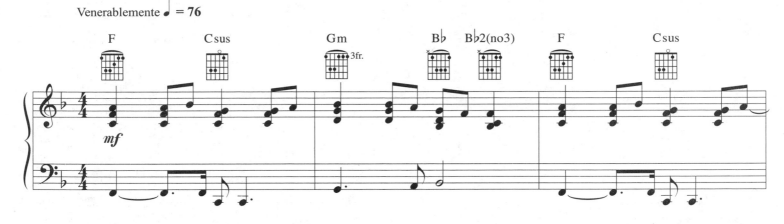

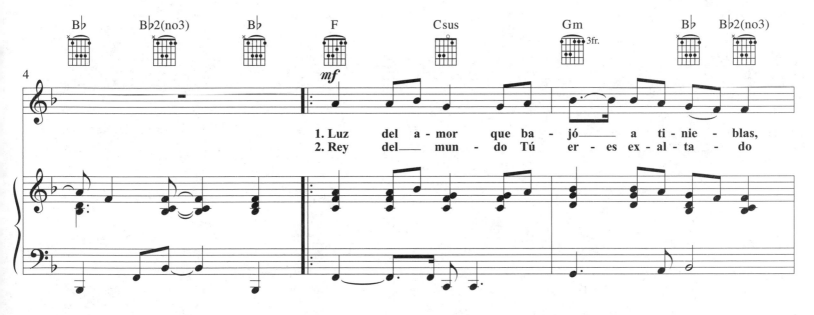

1. Luz del a - mor que ba - jó a ti - nie - blas,
2. Rey del mun - do Tú er - es ex - al - ta - do

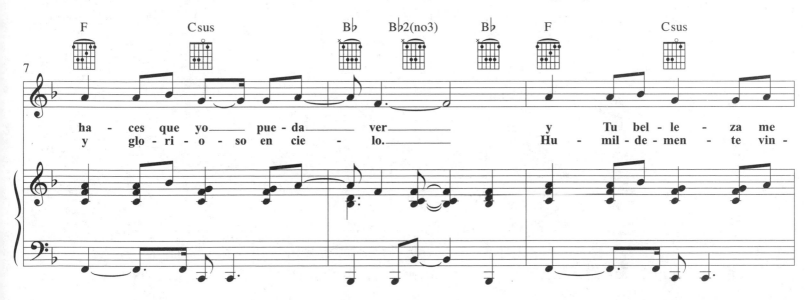

ha - ces que yo pue - da ver y Tu bel - le - za me
y glo - ri - o - so en cie - lo. Hu - mil - de - men - te vin -

Por siempre
(Forever)

Letras y música por
CHRIS TOMLIN
Verso 2 Traducida por Frances Rinehart

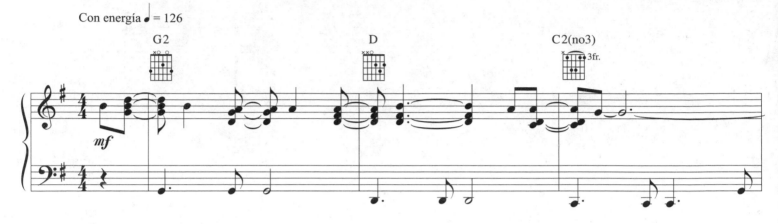

Queremos ver a Jesucristo como Rey

(We Want to See Jesus Lifted High)

Letras y música por
DOUG HORLEY
Verso 2 Traducida por Frances Rinehart

Ritmo fuerte, en cuatro ♩ = 124 - 132

Que-re-mos a Cris - to pro-cla-mar___ co-mo un es-tan-dar-

-te le-van - tar,___ que to-da la gen - te pue-da ver,___

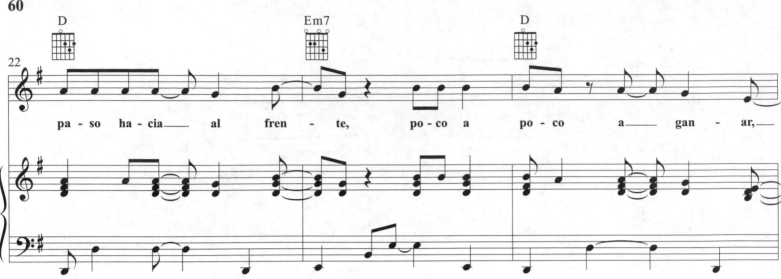

pa - so ha - cia___ al fren - te, po - co a po - co a___ gan - ar,___

___ ca - da or - a - ción un - a for - ta - le - za, to - das

caen, to - das ca - en___ y caen___ y caen___ y caen.___

D.S. al Fine 𝄋

Abre mis ojos
(Open the Eyes of My Heart)

Letras y música por
PAUL BALOCHE

Ritmo acústico ♩ = 100 - 108

A - bre mis o - jos, O Cris - to.___ A - bre mis o - jos, Señ - or.___

Yo quie - ro ver - te,___ Yo quie - ro

ver - te.___ A - bre mis o - jos, O Cris -

Cambiaré mis tristezas

(Trading My Sorrows)

Letras y música por
DARRELL EVANS

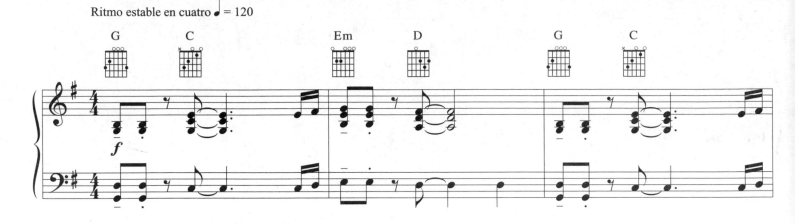

Cam - biar - é mi tri - ste - za,___

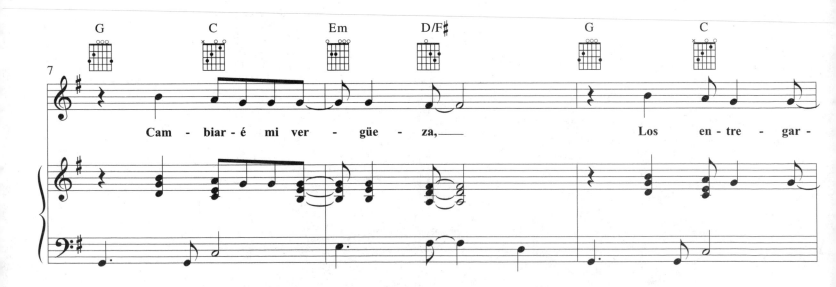

Cam - biar - é mi ver - güe - za,___ Los en - tre - gar-

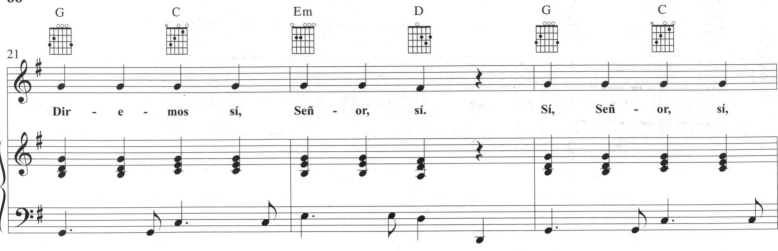

Dir - e - mos sí, Señ - or, sí. Sí, Señ - or, sí,

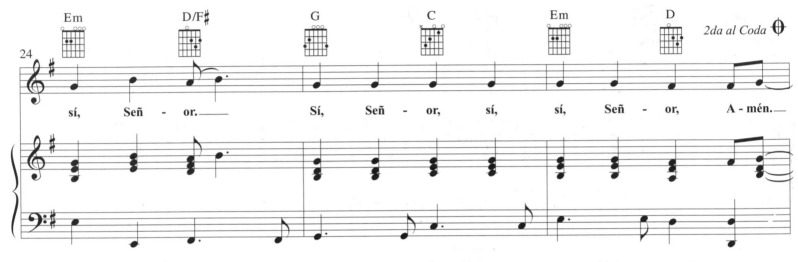

2da al Coda ⊕

sí, Señ - or._____ Sí, Señ - or, sí, sí, Señ - or, A - mén.___

_____ Es - tan - do a - tri - bu - lan - do, pe - ro

nun - ca der - ro - ta - do; y per - se - gui - do es - te hoy. No me a - fec -

Ven, es tiempo de adorarle

(Come, Now Is the Time to Worship)

Letra y música por
BRIAN DOERKSEN

Hambrienta(o)

(Hungry / Falling on My Knees)

**Letras y música por
KATHRYN SCOTT**

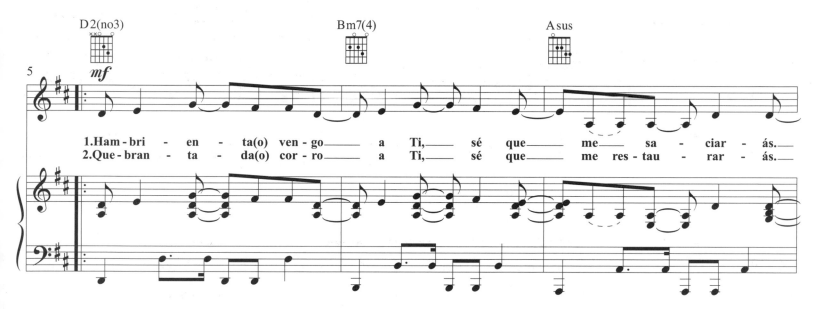

1.Ham - bri - en - ta(o) ven - go_____ a Ti,____ sé que____ me sa - ciar - ás.___
2.Que - bran - ta - da(o) cor - ro_____ a Ti,____ sé que____ me res - tau - rar - ás.___

____ Que - bran - ta - da(o) cor - ro_____ a Ti,____ sé que____
____ Es - toy_____ fa - ti - ga - da(o) pe - ro____ sé que____

¡Cuán grande es nuestro Dios!

(How Great Is Our God)

Letras y música por
CHRIS TOMLIN, JESSE REEVES y ED CASH

- de es mi Dios,___ can - ta a - sí!___ ¡Cuán

gran - de es mi Dios,___ y to - dos ve - rán Cuán

gran - de, cuán gran - de es mi Dios!___

1. Repite al VERSO

(a md. 5)

___ 2. Per -

Digno es el cordero

(Worthy Is the Lamb)

Letras y música por DARLENE ZSCHECH

Traducida por Gloria García

Espresivo ♩ = 80 - 84

Gra - cias por la cruz, Señ - or;   Gra - cias por pa -

gar el pre - cio;___ Car - gan - do mi ver - güen - za, vi -

ni - ste en a - mor___ y di - ste in - men - sa Gra - cia;___ Gra - cia por Tu a -

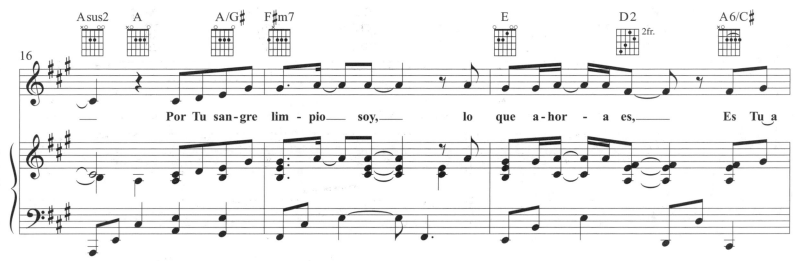

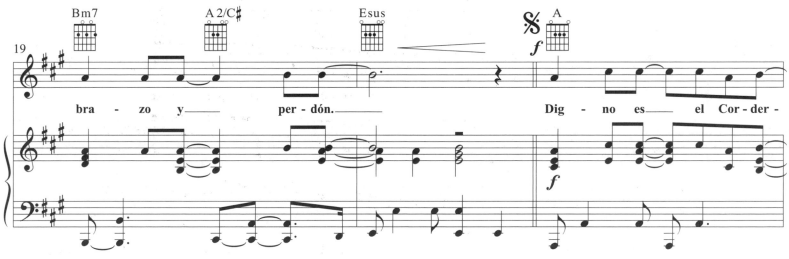

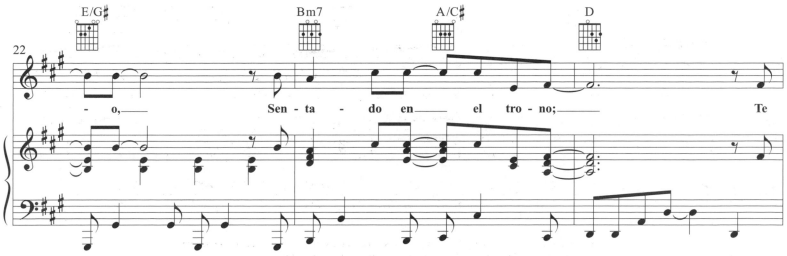

Quietud
(Still)

Letras y música por
REUBEN MORGAN
Traducida por Fabiana Araneda y Christopher Booth

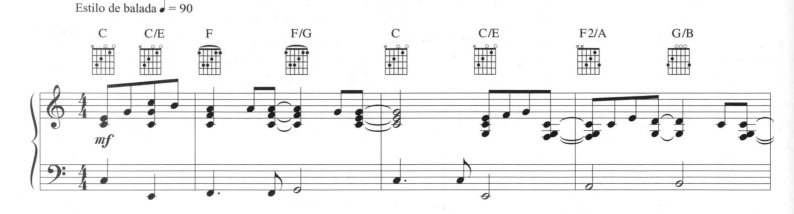

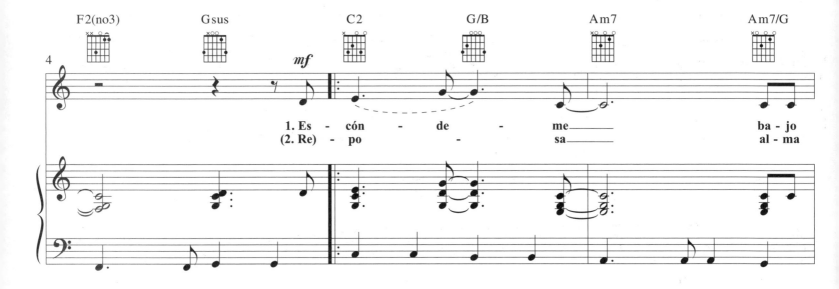

1. Es - cón - de - me   ba - jo
(2. Re) - po - sa   al - ma

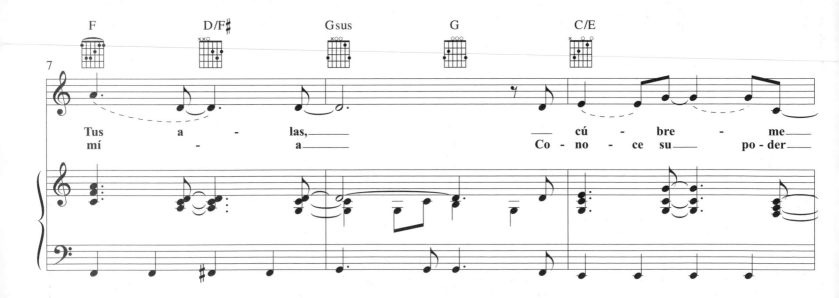

Tus   a - las,   cú - bre - me
mí   a   Co - no - ce su   po - der

Vive mi Redentor

(My Redeemer Lives)

**Letras y música por
REUBEN MORGAN**
Traducida por Christopher Booth

Mucha energía ♩ = 128

Yo sé que mi vi - da sal - vo,___ Su san - gre me pe -

ca - do cu - brió Y yo cre - o_____ Y yo cre - o.

___ Mi pe - na, Él me la qui - tó,___

Ultima vez a Coda

mi   Re - den - tor!_____   ¡Vi-ve   mi   Re - den - tor!_____

Tú   qui-tas mis car - tas;   con - ti - go   al - zar - é._____ Yo

dan - zo en____ la mon - tañ - a____   pa - ra   ver   Tu Rei - no   ven-

D.S. al Coda

CODA

ir._____   ¡Vi-ve

Eres el centro

(Be the Centre)

Letras y música por
MICHAEL FRYE

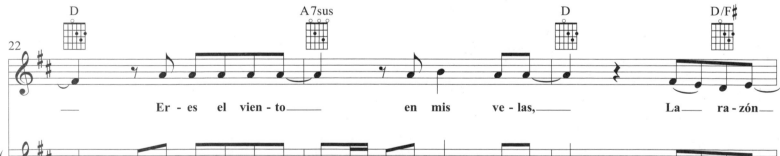

de mi ex - is - tir,_____ Cris - to,_____ Je - sús._____

1. Repite al VERSO

(a md. 13)

2. Repite al CORO

(a md. 21)

3. CONCLUSIÓN DE CANCIÓN

Er - es el fue - go_____ _____ Cris - to,_____

rit.

Je - sús._____

rit.

Tú eres mi respirar
(Breathe)

Letras y música por
MARIE BARNETT

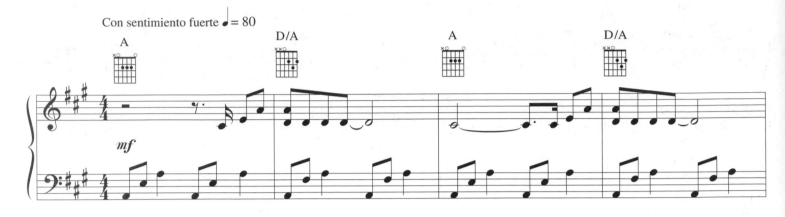

Tú er - es mi res - pir - ar,⎯ Tú er - es

mi res - pir - ar,⎯ Di - os, Tu pre - sen - cia

Tú eres me Rey

(You Are My King / Amazing Love)

Letras y música por
BILLY JAMES FOOTE
Traducida por Frances Rinehart

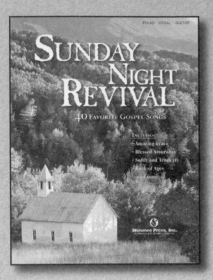
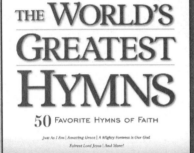